# Welcome

**Apple**

**Alligator**

**Ant**

**Arrow**

**Aeroplane**

A A A A A A

A A A A A A

A A A A A A

a a a a a a

a a a a a a

# Bb

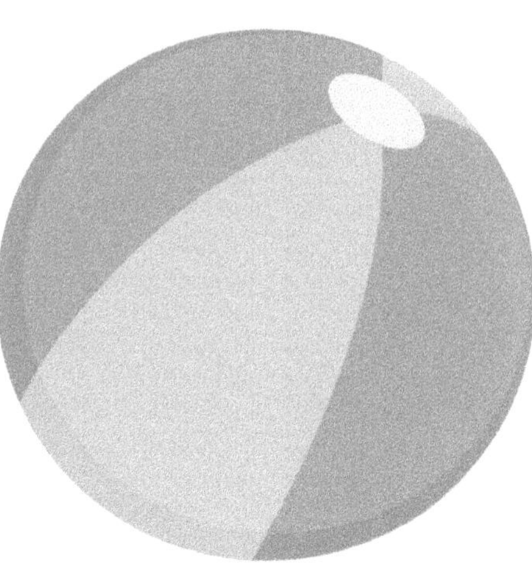

**Ball**

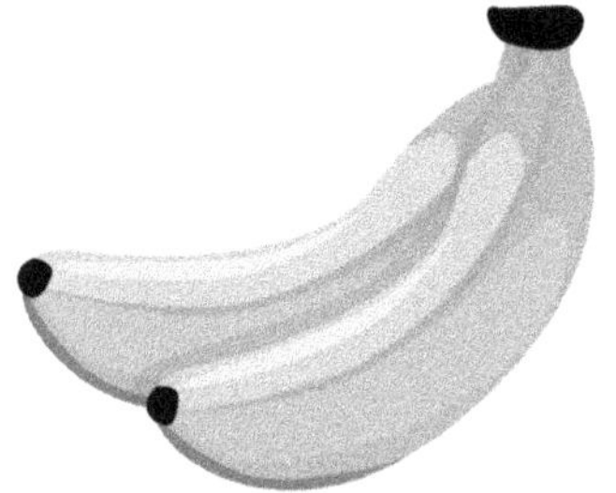

**Banana**

**Boy**

**Ballon**

**Bus**

B B B B B B

B B B B B B

B B B B B B

b b b b b b

b b b b b b

Cc

Cat

Car

Caterpillar

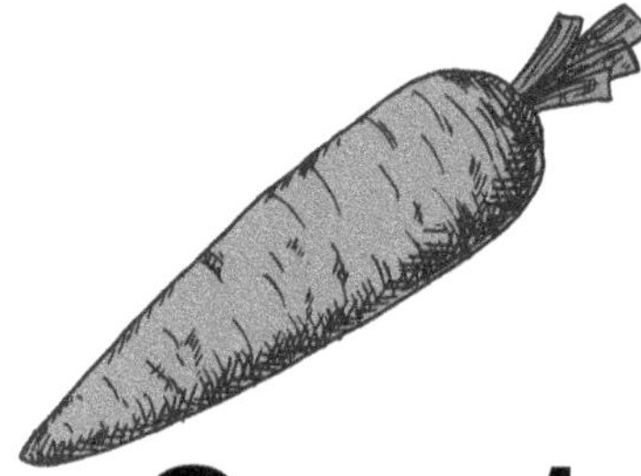

Carrot

Cup

C C C C C C

c c c c c c

# Dd

**Dog**

**Doll**

**Diamond**

**Dolphin**

**Deer**

D D D D D D

d d d d d d

# Ee

**Elephant**

**Egg**

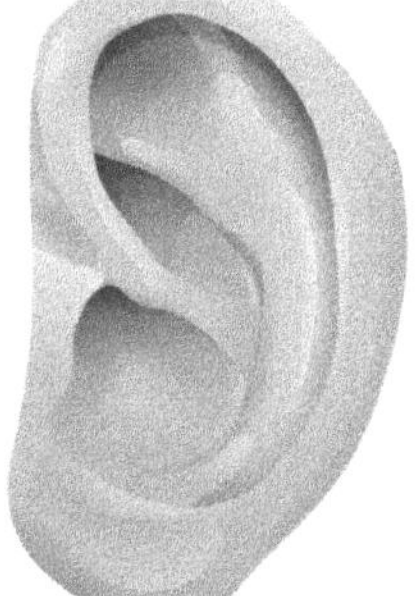

**Ear**

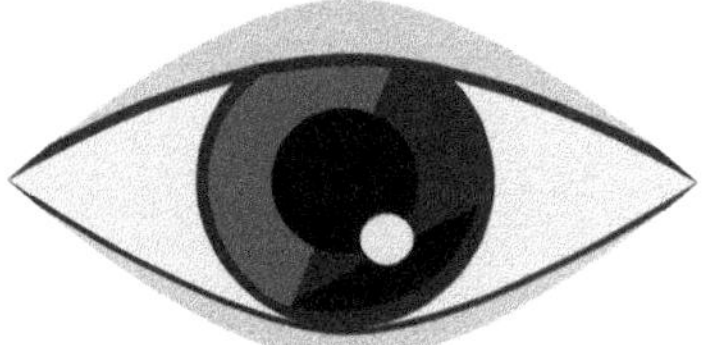

**Eye**

**Earth**

E E E E E E
e e e e e e

# Ff

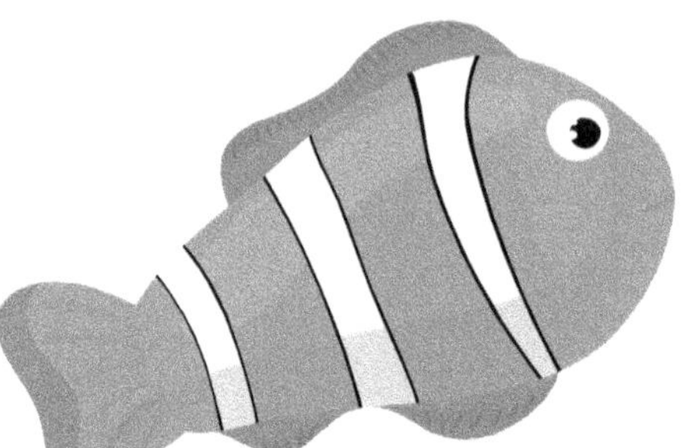

**Fish**

**Flag**

**Frog**

**Flower**

**Fox**

F F F F F F

f f f f f f

# Gg

**Grapes**

**Girl**

**Goat**

**Gun**

**guitar**

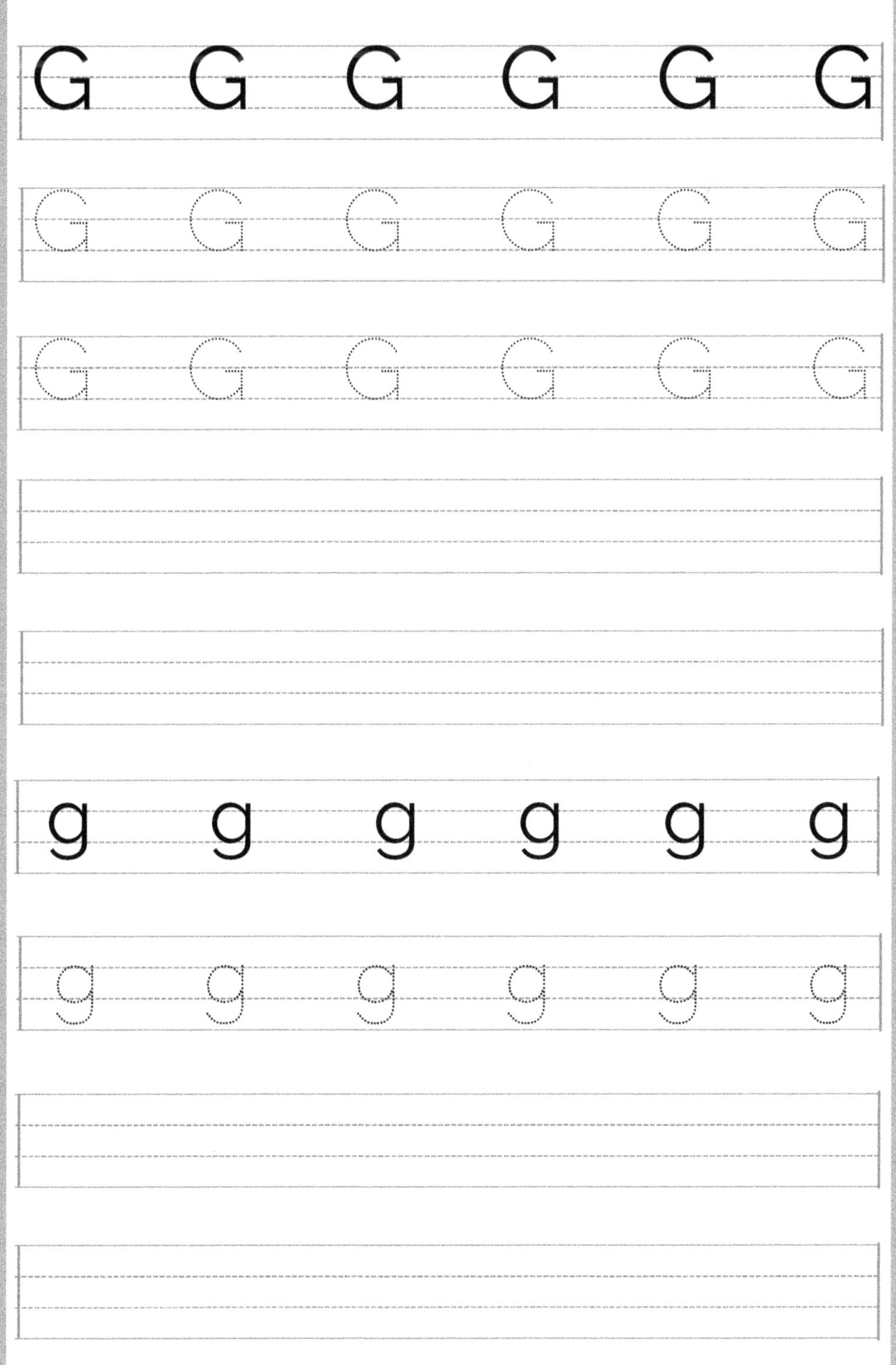

# Hh

**Horse**

**Hat**

**Heart**

**Hand**

**House**

H H H H H H

h h h h h h

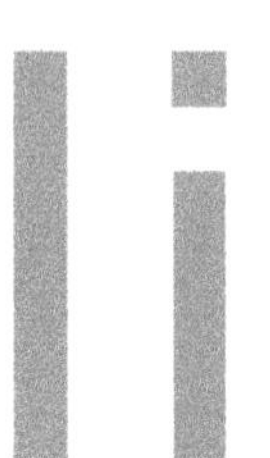

# Ignoo

## Ice cream

## Ice

## Iguana

## Ink

l l l l l l

l l l l l l

l l l l l l

i i i i i i

i i i i i i

# Jj

**Jug**

**Jellyfish**

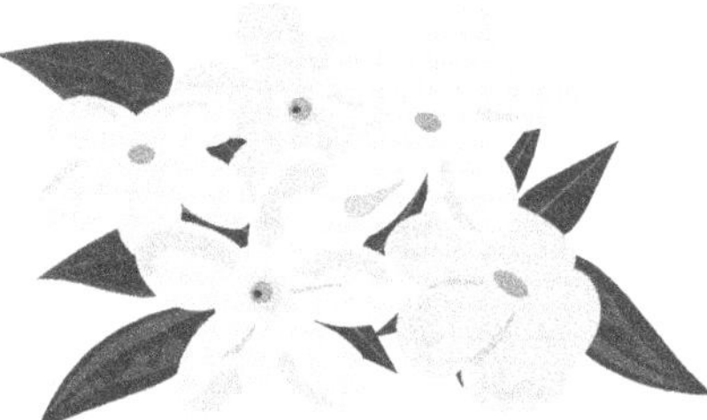

**Jasmine**

**Jam**

**Joker**

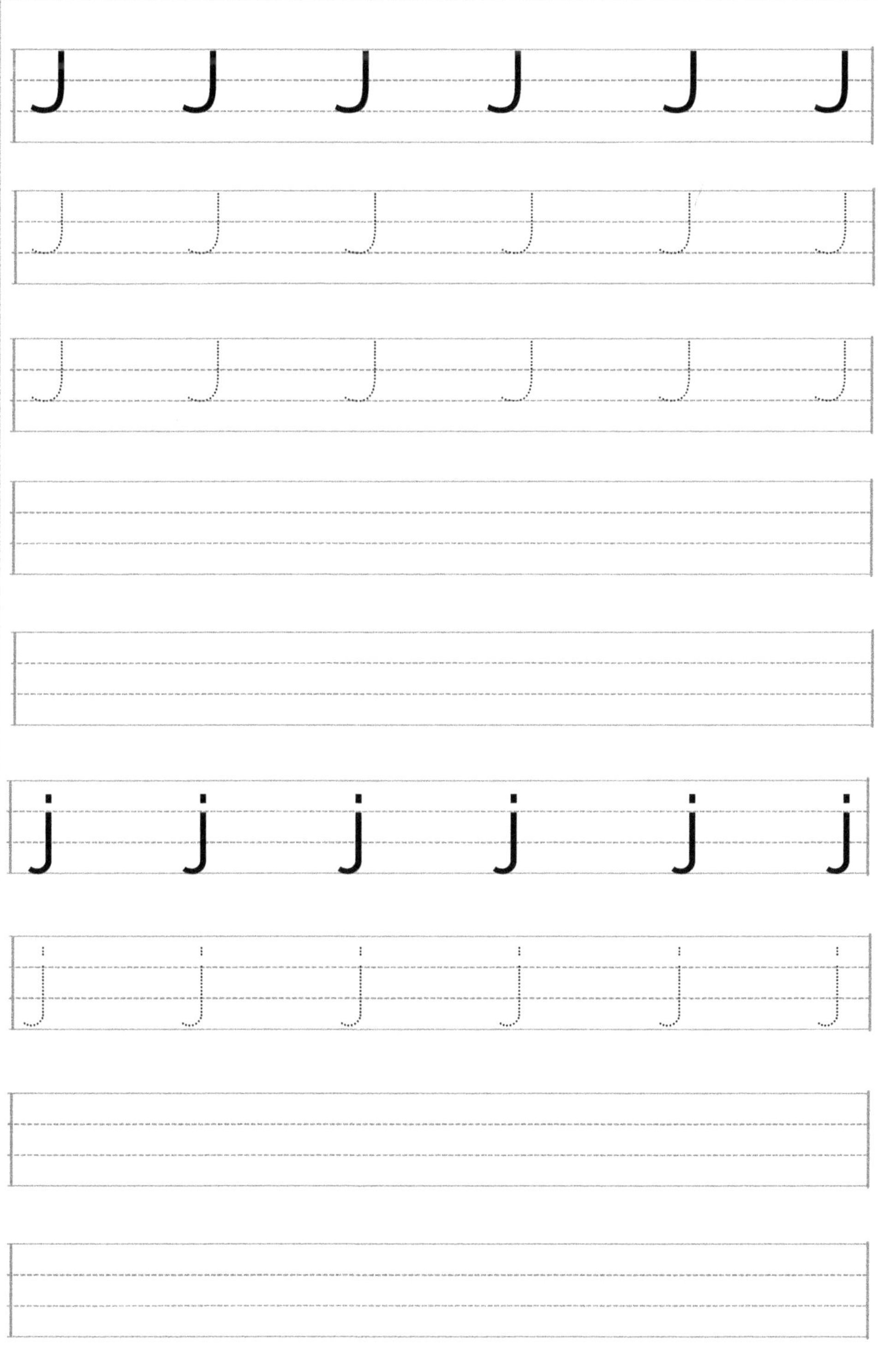
J J J J J J
j j j j j j

# Kk

**Kite**

**Kangaroo**

**Key**

**kettle**

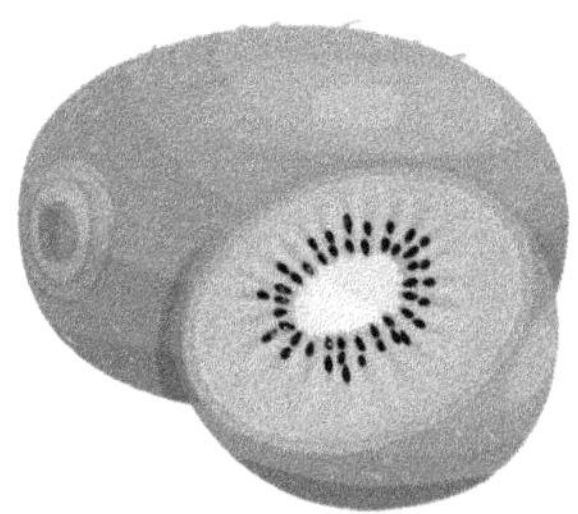

**Kiwi**

K K K K K K
k k k k k k

# Ll

**Lion**

**Leaf**

**Lemon**

**Ladybug**

**Lamp**

# Mm

**Mango**

**Monkey**

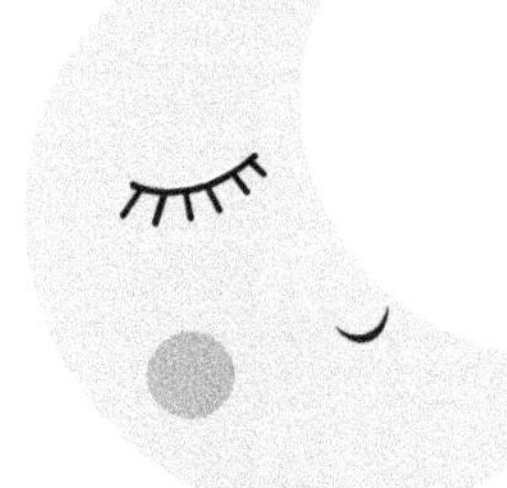

**Moon**

**Milk**

**Mobile**

M M M M M M

M M M M M M

M M M M M M

m m m m m m

m m m m m m

# Nn

**Nest**

**Nurse**

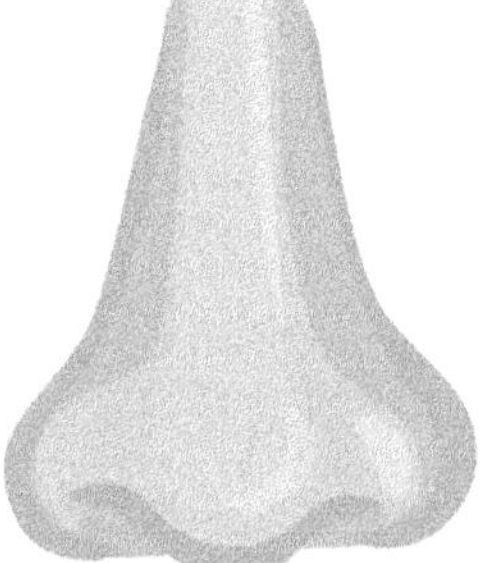

**Nose**

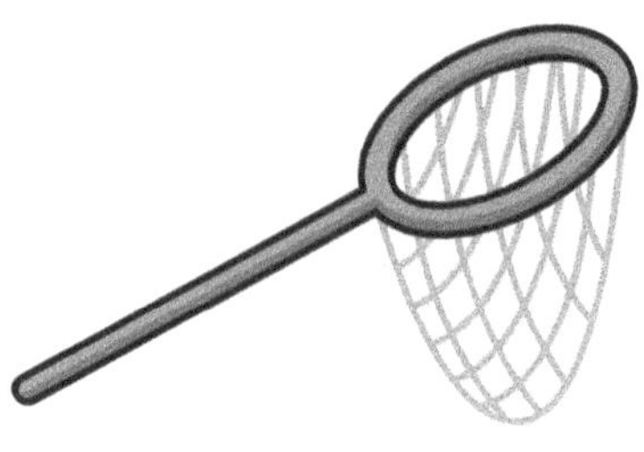

**Net**

**Notebook**

# Oo

**Owl**

**Octopus**

**Orange**

**Onion**

**Ostrich**

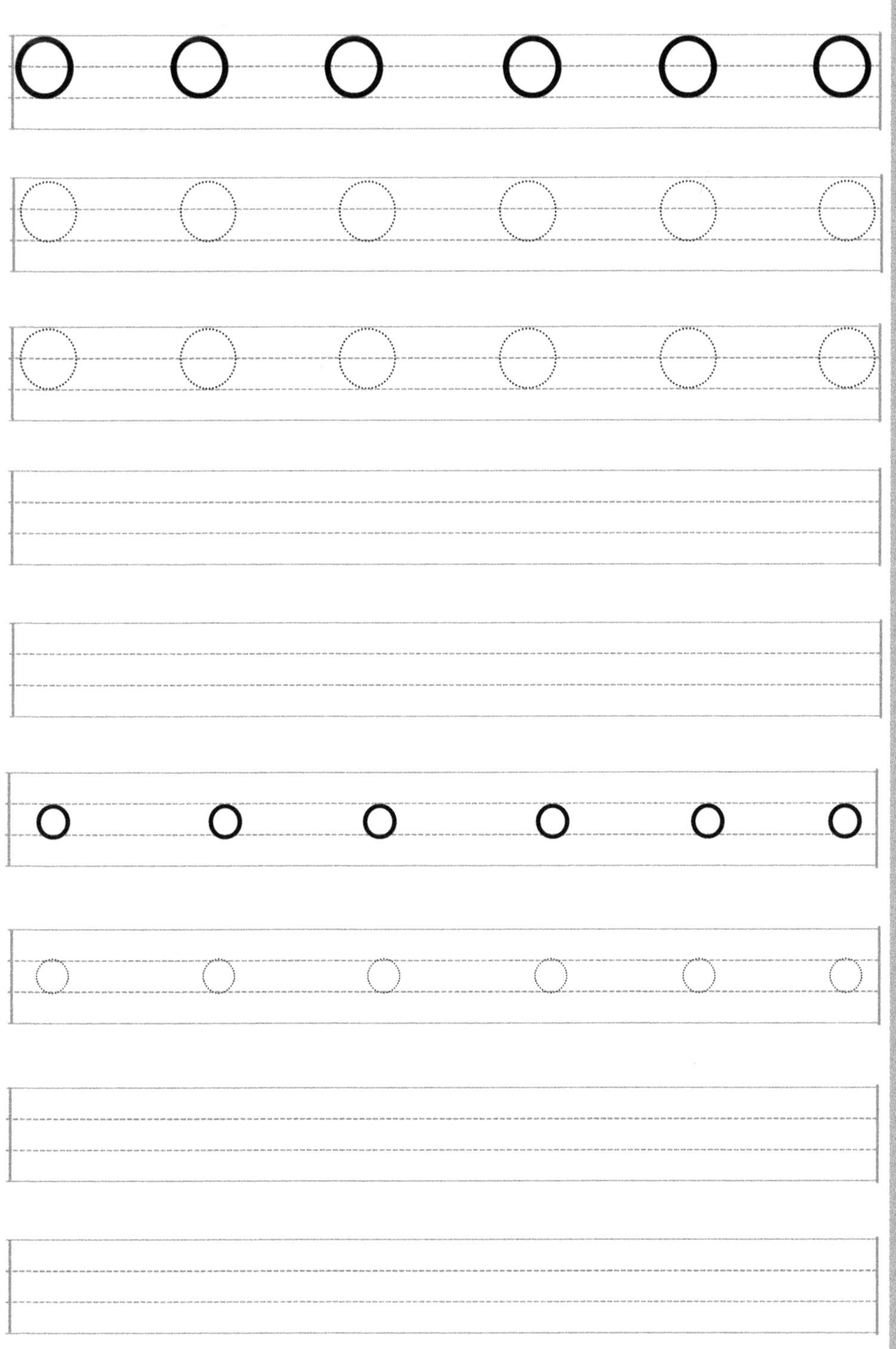

# Pp

**Parrot**

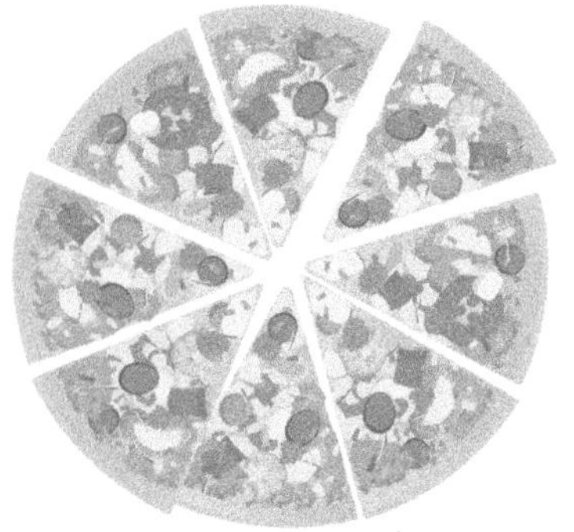

**Pizza**

**Pumpkin**

**Pigeon**

**Pineapple**

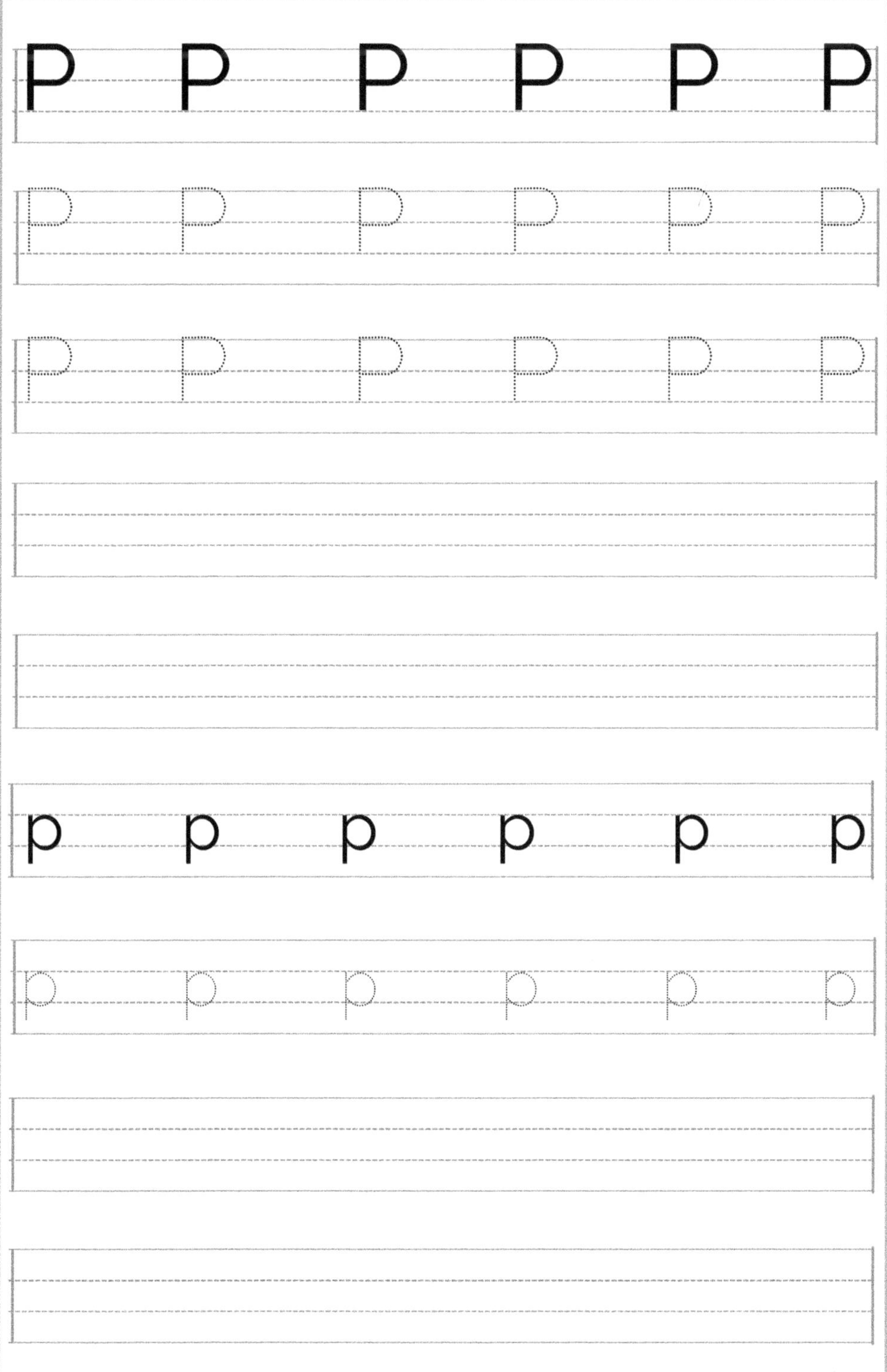
P P P P P P
p p p p p p

# Qq

**Queen**

**Quilt**

**Quill**

**Question**

**Quail**

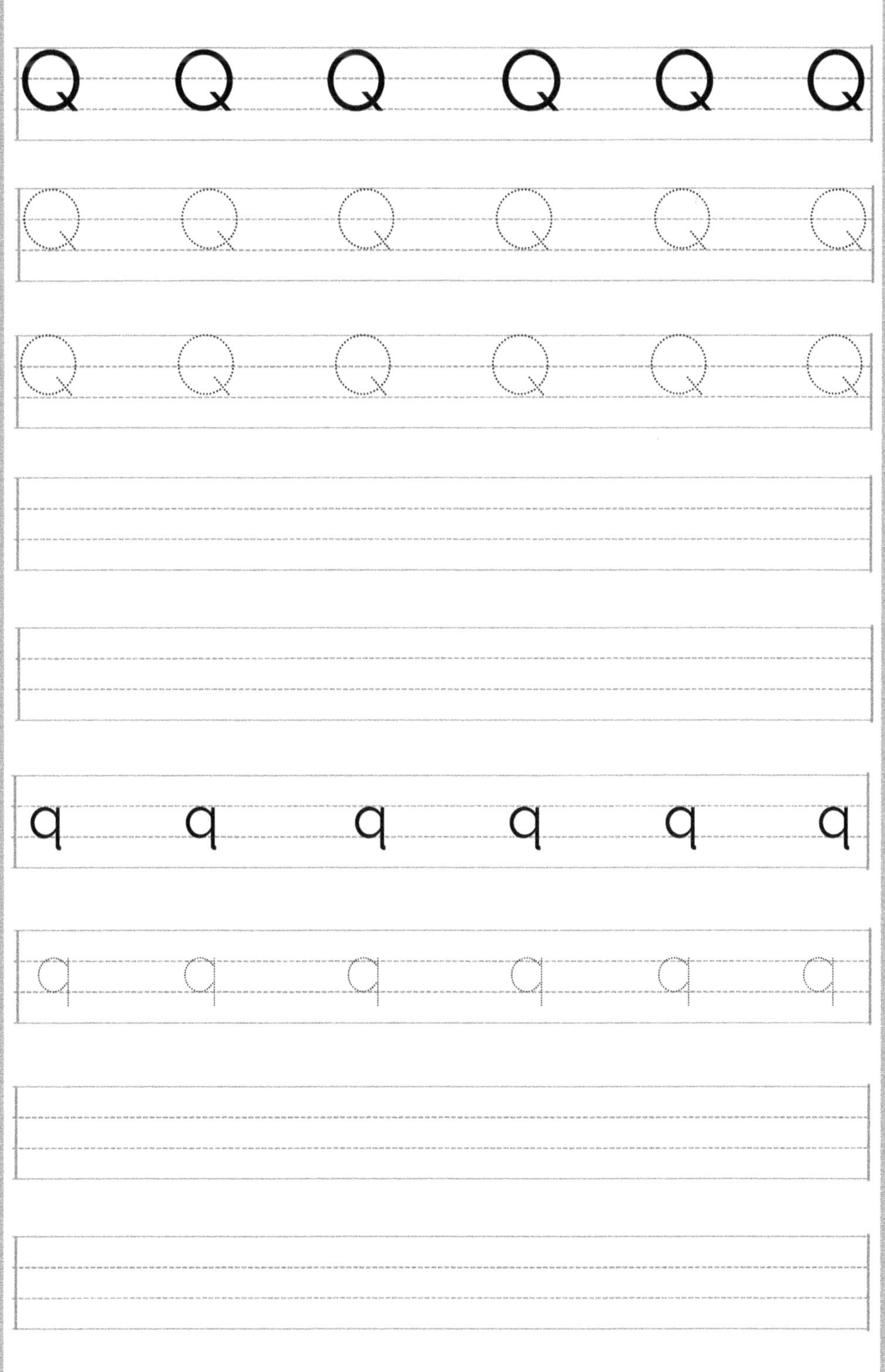
Q Q Q Q Q Q
q q q q q q

# Rr

**Rabbit**

**Robot**

**Rose**

**Rocket**

**Rainbow**

Ss

Sun

Shark

Sheep

Star

Spider

S S S S S S

s s s s s s

# Tt

**Tiger**

**Teddy**

**Telephone**

**Train**

**Tomato**

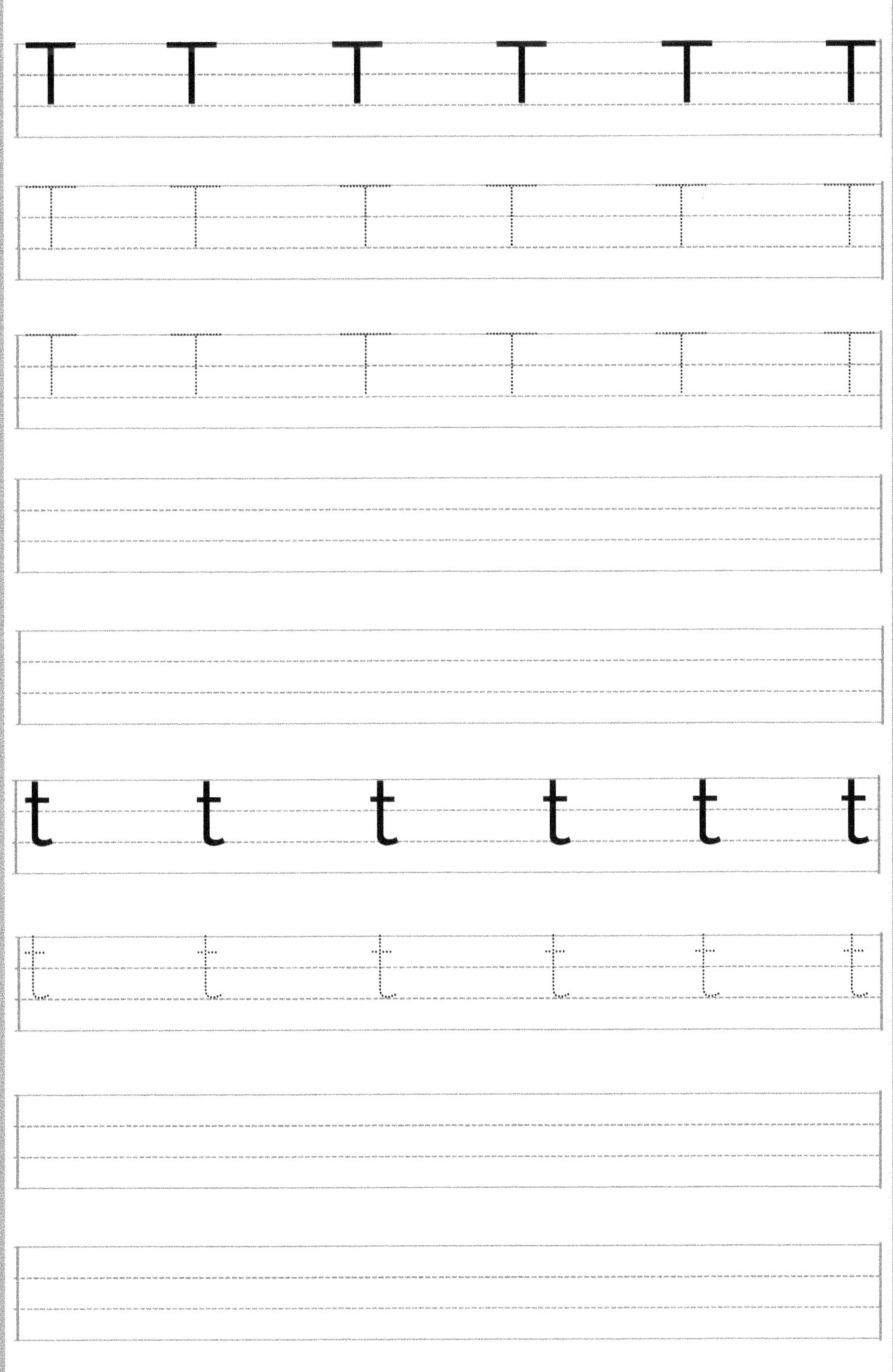

# Uu

**Umbrella**

**Unicycle**

**Unicorn**

**Uniform**

**Unhappy**

U U U U U U
u u u u u u

# Vv

**Van**

**Vegetable**

**Violin**

**Vase**

**Volcano**

V V V V V V
v v v v v v

**Watermalon** **Whale**

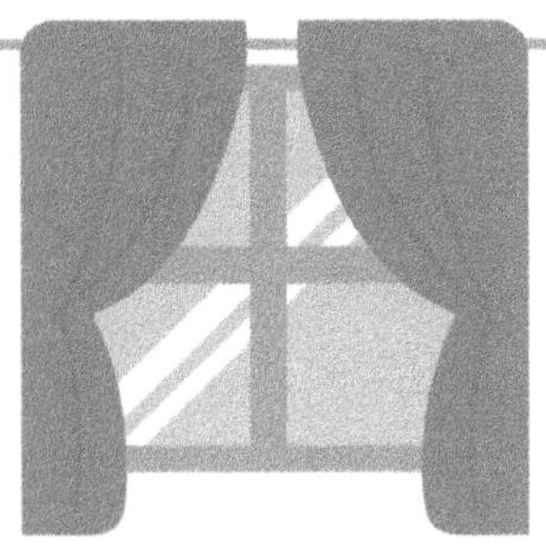

**Window** **Wallet**

W W W W W W
W W W W W W
W W W W W W
w w w w w w
w w w w w w

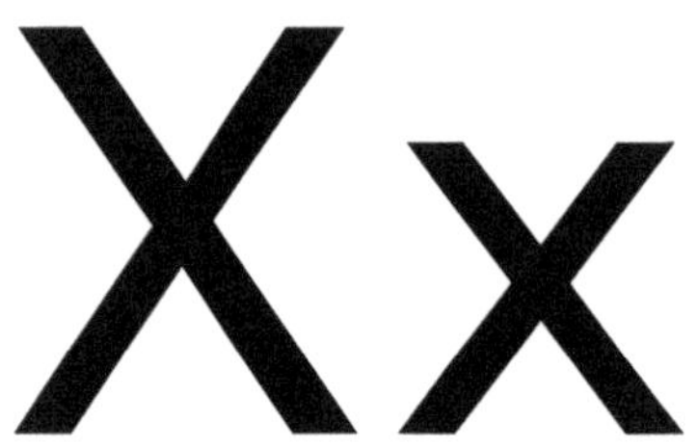

**X-mas**

**Xerus**

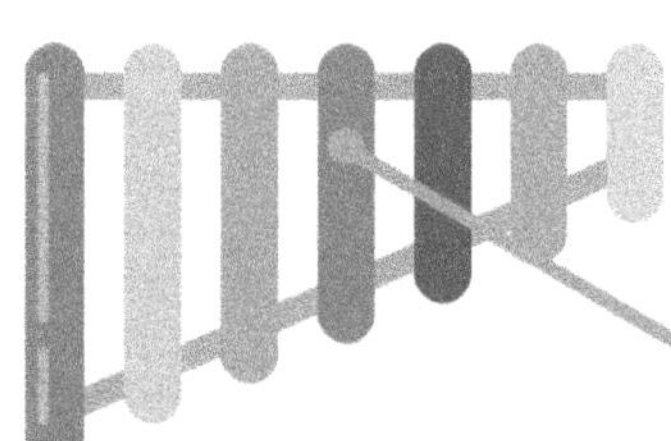

**Xylophone**

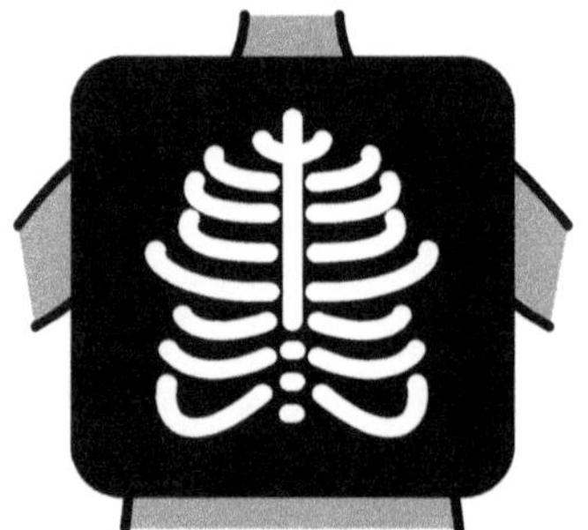

**X ray**

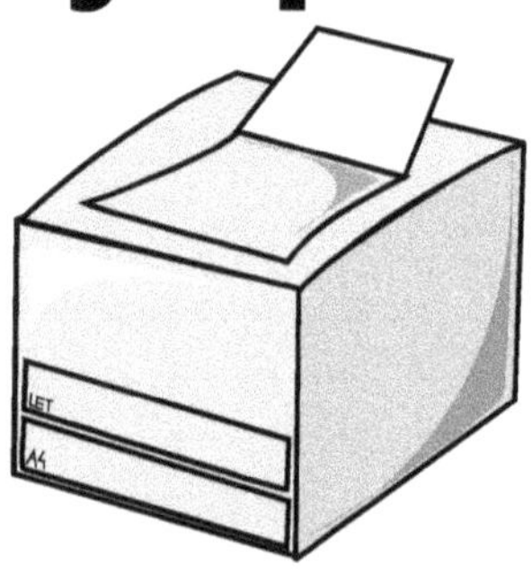

**Xerox**

# Yy

**Yak**

**Yatch**

**YO-yo**

**Yogurt**

**Yarn**

Y Y Y Y Y Y
y y y y y y

Zz

**Zebra**

**Zoo**

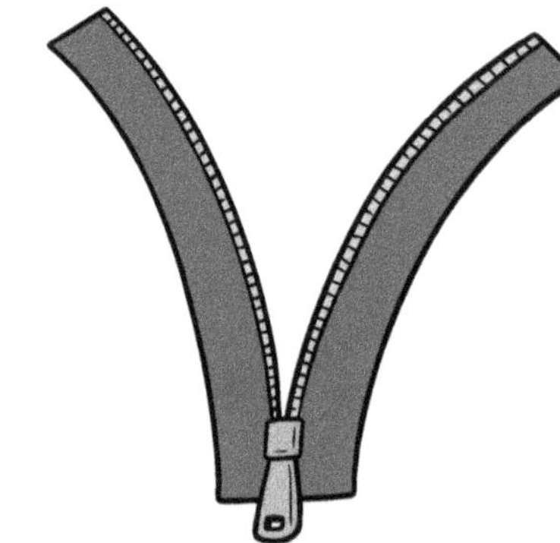

**Zip**

**Zigzag**

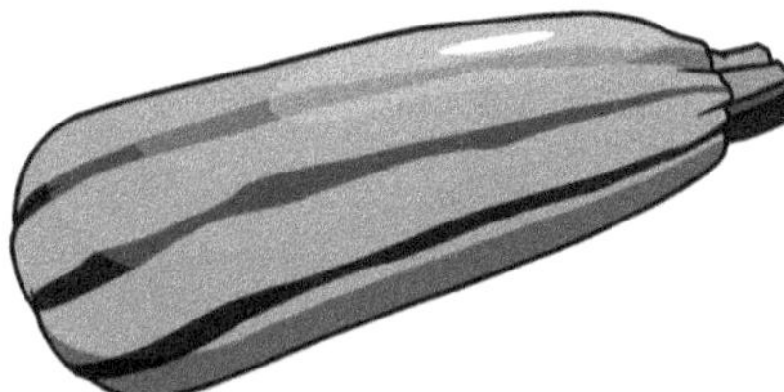

**Zucchini**

Z Z Z Z Z Z

z z z z z z

www.ingramcontent.com/pod-product-compliance
Lightning Source LLC
LaVergne TN
LVHW021202160826
845679LV00024B/2212

* 9 7 9 8 8 8 5 6 9 4 9 8 8 *